# Ödön von Horváth

# Noche italiana

## Traducción de Roberto Vivero

Ápeiron Ediciones

2025

# Ödön von Horváth

# Noche italiana

Pieza de teatro popular

Documenta

Ödön von Horváth, *Italienische Nacht (Volksstück)* [1931]

1.ª edición, 2025

© De la traducción, Roberto Vivero
© Ápeiron Ediciones
C/ Príncipe de Vergara, n.º 132, planta 9
28002 Madrid
Tfno.: (+34) 611 00 28 41
E-mail: info@apeironediciones.com
http://www.apeironediciones.com/

Diseño y maquetación: Ápeiron Ediciones
Imágenes de portada:
Bundesarchiv Bild 102-05044, Berlin, Tanz beim 6-Tage-Rennen (1927)
Bundesarchiv Bild 102-10887, Parade der Reichswehr (1931)
Bundesarchiv Bild 102-11265, Braunschweig, NS-Gautreffen mit Adolf Hitler (1931)
Wikipedia. Publicadas con licencia CC-BY-SA 3.0

Papel procedente de fuentes responsables

ISBN: 979-13-990486-9-8
Depósito legal: M-14293-2025

## Personajes

Concejal
Kranz
Engelbert
Betz
Tabernero
Karl
Martin
Camaradas de Martin
Un camarada de Magdeburgo
Un fascista
El teniente
El comandante
Czernowitz
Adele
Anna
Leni
La Dvorakische
Dos mujerzuelas
Señora Hinterberger
Hermanas Leimsieder
Republicanos y fascistas

Lugar: Una pequeña ciudad en el sur de Alemania
Época: 1930 – ¿?

## PRIMER CUADRO

*En la taberna de Josef Lehninger. Kranz, Engelbert y el concejal Ammetsberger juegan al tarot. Karl mira la partida. Betz bebe con placer su cerveza. Martin lee el periódico. El tabernero se hurga la nariz. Es domingo por la mañana y el brilla el sol.*
*Silencio.*

BETZ.—Martin, ¿qué hay de nuevo en el gran mundo?

MARTIN.—Nada. Que el proletariado pague impuestos y que los señores empresarios estafen por todas partes a la República no es nada nuevo. ¿O qué? *(Betz vacía su vaso.)* Y que los señores pensionistas republicanos organicen imperiales desfiles reaccionarios con misas castrenses y disparos con armas de pequeño calibre, y que nosotros, los republicanos, consintamos todo esto, tampoco es nada nuevo. ¿O qué?

BETZ.—Vivimos en una República democrática, querido Martin.

*Ahora un grupo de fascistas desfila con música por la calle. Todos, con excepción del concejal y el tabernero, van a la ventana y, en silencio, miran el desfile. Solo vuelven a moverse cuando este ha pasado.*

CONCEJAL *(con las cartas en la mano).*—Por supuesto, no se puede hablar de una grave amenaza para la República democrática. Aunque solo sea porque el movimiento reaccionario carece de una base ideológica.

ENGELBERT.—¡Bravo!

CONCEJAL.—¡Camaradas! Mientras exista una Liga de Defensa Republicana y mientras yo tenga el honor de ser el presidente del grupo local, ¡mientras eso suceda, la República puede dormir tranquila!

MARTIN.—¡Buenas noches!

KRANZ.—¡Quiero tomar la palabra! ¡Me gustaría proponer algo! ¡Me gustaría abogar por que ahora volvamos a tarotear y no permitamos que nos molesten estos majaderos germánicos con su supuesto día alemán!

ENGELBERT.—¡Con su Tercer Reich!

CONCEJAL.—¡Aprobado por unanimidad! *(Baraja y reparte las cartas.)*

KARL.—¿Qué va a pasar esta noche?

CONCEJAL.—¿Con qué?

KARL.—Bueno, con nuestra noche italiana de esta noche…

CONCEJAL *(lo interrumpe)*.—¡Por supuesto que celebraremos nuestra noche italiana! ¿O alguien piensa que la Liga de Defensa Republicana va a permitir que desde alguna instancia reaccionaria se le prohíba celebrar aquí, con nuestro amigo Josef Lehninger, una noche italiana, y además cuando *él* quiera? ¡Nuestra noche italiana republicana se celebrará esta noche a pesar de Mussolini y compañía! ¡As de oros! *(Juega.)*

ENGELBERT.—¡Y que no lo sepas!

KARL.—¿Y cómo podría saberlo?

BETZ.—Lo anuncié oficialmente.

ENGELBERT.—¡Pero el camarada Karl no estaba allí, otra vez! ¡Bastos!

KARL.—Yo no podré venir.

ENGELBERT.—Ni siquiera estuvo en la última convocatoria general, ¡por historias con mujeres!

KRANZ.—¡Solo!

CONCEJAL.—¡Arrastro!

ENGELBERT.—¿Renuncio?

CONCEJAL.—¡Renuncio a todo!

KARL *(a Betz)*.—¿Tendré que aguantar esto? ¿Lo de las historias con mujeres?

BETZ.—No puedes negar que las mujeres te apartan de tus deberes para con la República…

KARL.—Vamos a ver, estos son mis intereses más íntimos y privados, lo pido por favor. ¡Y de manera enérgica!

*Ahora vuelve a desfilar por la calle un grupo de fascistas con música. Todos escuchan, pero nadie se acerca a la ventana. Silencio.*

BETZ.—Todo es relativo.

MARTIN.—¡¿Cómo?! ¡Esto es una vergüenza! ¡Mientras los reaccionarios se arman, nosotros, los valientes republicanos, organizamos noches italianas!

BETZ.—De hecho, no es creíble que los reaccionaros se estén haciendo fuertes de esa manera.

MARTIN.—¡No es creíble, dice! Cualquiera lo puedo ver. Quien tiene el poder económico, siempre tiene razón, como bien sabemos. Pero vosotros, los del comité de dirección, parece que no lo sabéis. Imagino que queréis saberlo, pero a veces me resulta difícil…

ENGELBERT.—¡Ehhhh!

BETZ.—Eres un pesimista.

MARTIN.—Y un rábano.

CONCEJAL.—¡Y además es un alborotador! Un alborotador de lo más típico.

*Silencio.*

MARTIN (*se pone de pie lentamente*).—Señor concejal. Dime, señor concejal, ¿conoces a un tal Karl Marx?

CONCEJAL (*da un golpe en la mesa*).—¡Por supuesto que conozco a mi Marx! ¡Vaya si conozco a mi Marx! ¡Y además estoy en contra!

ENGELBERT.—¡Correcto!

KRANZ.—¡Solo!

CONCEJAL.—¿O crees tú, iluso superficial, que en resumidas cuentas con el desarrollo del marxismo se hará en resumidas cuentas el paraíso en la Tierra?

MARTIN.—No entiendo qué quieres decir con «en resumidas cuentas». Tampoco sé qué entiendes tú por paraíso, pero me puedo hacer una viva imagen de lo que entiendes por marxismo. ¿Entendido? Yo creo en lo que yo entiendo por eso.

KRANZ.—¡Solo, Jesucristo Bendito! (*Juega. Silencio.*)

BETZ.—¿Sabes de lo que yo no soy capaz?

MARTIN.—No.

BETZ.—No puedo creer.

*Silencio.*

MARTIN.—Me creo que tú no puedas creer. No puedes creer porque no lo necesitas. Ya no eres un proletario, secretario de la cancillería jubilado…

BETZ.—Sí, soy secretario de la cancillería jubilado, pero, naturalmente, eso no importa nada.

MARTIN.—Naturalmente.

BETZ.—¡No tan naturalmente!

MARTIN (*lo mira perplejo*).—¡Anda, bésame el culo! (*Sale rápidamente con su periódico.*)

CONCEJAL.—Un hombre fino…

*Silencio.*

TABERNERO.—¿Volverá a llover? Cada vez que mato una cerda, el tiempo me echa a perder la noche italiana.

BETZ.—No creo.

TABERNERO.—¿Por qué? ¿Porque tú lo dices?

BETZ.—No. Porque las bajas presiones en Irlanda han provocado altas presiones en el Golfo de Vizcaya.

CONCEJAL.—¡Correcto!

TABERNERO.—¿Quién lo dice?

BETZ.—La estación meteorológica estatal.

TABERNERO.—¡Bah, déjame de autoridades!

MARTIN (*vuelve a entrar, se acerca a Betz y le pone delante una octavilla*).—¡Toma!

BETZ.—¿Qué es esto?

MARTIN.—¡Lee!

BETZ.—¿Por qué tendría que leer esta tontería fascista?

MARTIN.—Porque debería interesarte.

BETZ.—¡No sé yo!

MARTIN (*levantando la voz*).—¡Incluso debería interesarles a todos los señores aquí presentes!

*Los señores escuchan.*

CONCEJAL.—¿Qué le pasa ahora a este eterno pleitista?

BETZ (*lee mecánicamente la octavilla, se detiene y da un puñetazo a la mesa*).—¡¿Cómo?! ¡Esto es indignante! ¡Esto es indignante, Josef! (*El tabernero se siente inseguro y quiere escabullirse. Indignado, Betz lo mira fijamente.*) ¡Alto! Espera, querido Josef, porque de todos estos tú deberías ser el más interesado. ¿Sabes qué pone aquí?

TABERNERO (*avergonzado*).—No…

BETZ.—¿Es que no sabes leer?

TABERNERO (*con sonrisa nerviosa*).—No…

Betz.—¿Analfabeto?

Concejal *(que había estado escuchando)*.—¿Qué pone ahí?

Tabernero.—¡Nada, amigos! Nada…

Betz.—¿Nada? ¡¿Pero por qué no lo dices, querido Josef?! ¡Creo que eres un tremendo bribón!

Tabernero.—¡No deberías decir eso, Heinrich!

Betz.—Lo vuelvo a decir, querido Josef.

Concejal.—¿Cómo es eso?

Kranz.—¡Jesús!

Martin *(lo interrumpe)*.—¡Un momento!

Betz.—¡Un momento! Esto es una orden del día, la orden del día de los señores fascistas para celebrar hoy un día alemán. *(Le da la hoja a Karl.)* Josef, nosotros, los republicanos, somos tus clientes habituales, ¡y tú vas y vendes tu alma! ¡Y todo por amor a Mammón!

Karl.—¡Esto es completamente impertinente! ¡Por favor, camaradas, escuchadme! *(Lee.)* «Entre las cuatro y las seis estarán los músicos en el local de Josef Lehninger».

Kranz.—¿Qué músicos?

Karl.—¡Los músicos fascistas! ¡Qué asco!

Betz.—¡Es una vergüenza! ¡El querido camarada Josef reserva nuestra mesa para los reaccionarios!

Karl.—¡Y se piensa que nosotros, los republicanos, vamos a venir después con nuestra noche italiana y le vamos a comprar cosas!

Martin.—¡Las migas que los señores reaccionarios ya no se pudieron comer!

Engelbert.—¡Escuchad, escuchad!

Tabernero.—Creo que no nos estamos entendiendo…

Martin.—¡Vaya que no!

KARL.—¡Esto es corrupción!

TABERNERO.—¡No soy un corrupto! No lo soy, amigos, es mi mujer.

BETZ.—¡Paparruchas!

TABERNERO.—¡Nada de paparruchas! ¡No conocéis a mi mujer, queridos amigos! Le importan un rábano las constelaciones políticas. ¡Le importa un bledo quién se coma sus salchichas! ¡Y yo, pobre bestia, que había soñado con una alegre velada! Y si ahora saco el trapo negro, blanco y rojo, se me echan a perder sesenta raciones de asado de cerdo, ¡qué terrible estupidez cambiar los colores del Reich! ¡Por Dios, estoy completamente confundido!

KRANZ.—¡Si no fueses mi amigo, querido Josef, ahora mismo te escupiría en la cara!

ENGELBERT.—¡Bravo!

*Silencio.*

TABERNERO *(desesperado).*—Por Dios, ahora me voy a emborrachar y después le pegaré un tiro a mi mujer. Y después me tiraré por la ventana, pero antes le voy a prender fuego a todo. *(Sale.)*

CONCEJAL.—¡Santo cielo! ¡Por una vez que tengo buenas cartas, se arma la de San Quintín! *(Alzando la voz.)* ¡Pero me gustaría ver qué fuerza puede desbaratar esta noche nuestra noche italiana! ¡Camaradas, no nos rendiremos ni aunque fuese toda la reacción mundial unida! ¡Nuestra noche italiana republicana se celebrará esta noche según lo acordado! ¡Ni siquiera un señor Josef Lehninger arruinará nuestros planes! Que cada uno recuerde qué cartas tenía y seguimos jugando en mi veranda. ¡Vamos, camaradas!

MARTIN.—¡Hurra!

KRANZ.—Tú, Mefistófeles…
*Todos salen del local.*

## Segundo cuadro


*Calle. En todas las casas hay banderas negras, blancas y rojas porque el grupo fascista local, como también anuncia una pancarta, organiza un día alemán. Justo ahora pasa un grupo con estandartes, música y disparos con armas de pequeño calibre, seguido por parte de la población patriótica. También los siguen la Dvorakische y la señorita Leni.*


Leni.—Ya no puedo seguir.

La Dvorakische.—¡Lo lamento, señorita!

Leni.—La música está bien, pero los señores en uniforme no consiguen entusiasmarme. Son todos tan insulsamente parecidos. Y además son tan engreídos. Algo en mi interior se rebela contra eso.

La Dvorakische.—Creo que se debe a que no tiene ningún recuerdo de la época anterior a la guerra.

Leni.—Ahora tengo que ir a la izquierda.

La Dvorakische.—Señorita, me haría usted un gran favor si…

Leni.—¡Con mucho gusto!

La Dvorakische.—Su señor comandante debe de tener unos uniformes fastuosos…

Leni.—Sí, así es, porque antes había estado en las colonias que nos robaron a los alemanes.

La Dvorakische.—Pregúntale al señor comandante si no querría venderme ese viejo uniforme que no le pega nada.

LENI.—¿A qué se refiere?

LA DVORAKISCHE.—Eso es lo que dicen.

*Silencio.*

LENI.—¿Qué quiere hacer con el uniforme?

LA DVORAKISCHE *(sonríe)*.—Mirarlo.

LENI.—¿Nada más?

LA DVORAKISCHE.—Según como se vea…

*Silencio.*

LENI.—No, creo que me daría miedo…

LA DVORAKISCHE *(de repente furiosa)*.—¡Tonta, más que tonta! ¡Los jóvenes ya no tenéis ilusiones! *(Sale rápidamente.)*

*Redoble de tambores.*

KARL *(llega y ve a Leni)*.—¡¡Qué casualidad!!

LENI.—¡Pues sí! ¡El señor Karl!

KARL.—Sin duda.

LENI.—¿El qué?

KARL.—Que nos hayamos encontrado, una auténtica casualidad.

LENI.—Bueno, pero eso pasa a menudo.

KARL.—Sin duda.

*Silencio.*

LENI.—¡Ahora no tengo mucho tiempo, señor Karl!

KARL.—Yo tampoco. ¡Pero me gustaría proponerle algo, señorita!

LENI.—¿Qué quiere proponerme?

KARL.—Me gustaría proponerle que nos encontremos esta noche… Se lo habría propuesto ayer, pero no hubo ocasión…

LENI.—No me mienta de esta manera, señor Karl.

*Silencio.*

KARL (*hace una ruda reverencia*).—Querida señorita. Nunca he tenido la necesidad de mentir a una mujer porque soy de un carácter directo, ¡vea usted!

LENI.—No quería ofenderle…

KARL.—Tampoco habría podido.

LENI (*lo mira fijamente*).—¿Qué quiere decir con eso, señor Karl?

KARL.—Con eso quiero decir que usted no podría ofenderme porque usted me cae simpática… Como mucho, podría usted molestarme, señorita. Eso quería decir. ¡Perdón!

*Silencio.*

LENI.—Creo que es usted un mal hombre.

KARL.—No hay hombres malos, señorita. Solo hay hombres muy pobres. ¡Perdón!

*Silencio.*

LENI.—Esperaré lo más diez minutos…

KARL.—Y yo solo cinco.

LENI (*sonriendo*).—Entonces me libraré, mal hombre. (*Sale.*)

*Llegan Martin y Betz.*

*Martin ve a Leni, que pasa corriendo a su lado; a continuación mira burlonamente a Karl.*

KARL.—Dime, Martin: supongo que, naturalmente, en nuestra noche italiana no solo son bienvenidos miembros ordinarios y extraordinarios, sino también simpatizantes…

MARTIN.—Eso creo.

KARL.—Justo acabo de invitar a alguien. Una simpatizante conocida mía.

MARTIN.—¿Ella?

KARL.—¿La conoces?

MARTIN.—Por desgracia.

KARL.—¿Y eso?

MARTIN.—Porque es una mujer muy testaruda.

KARL.—Pues a mí me parece que tiene algo especial…

MARTIN.—Naturalmente que tiene algo especial… ¡Pero eso especial no está en discusión! Solo quería decir que esta mujer es muy testaruda, y concretamente en términos políticos, ¡es una persona retrógrada por naturaleza, santo cielo! ¡Cómo se puede cortejar a alguien así!

KARL.—Mi querido Martin, no lo entiendes. Nosotros dos somos auténticos republicanos, pero nos diferenciamos en una cosa. Tú eres un trabajador y yo, un músico. Tú estás, por decirlo así, en una cadena de montaje y yo toco a Mozart y a Kalman en un café, de ahí que yo sea, naturalmente, más individualista porque soy una naturaleza artística. Tengo intereses privados más fuertes, pero solo en apariencia, porque para mí todo se transforma inmediatamente en arte.

MARTIN *(con sonrisa irónica)*.—Esas son bonitas disculpas…

KARL.—Simplemente me debo a mí mismo llevar una vida desvinculada políticamente en sentido erótico. ¡Perdón!

*Sale.*

MARTIN.—¡Pues sigue!

*Silencio.*

BETZ.—Martin, sabes que te aprecio a pesar de que algunas veces eres desagradablemente malicioso. Creo que pasas por alto muy importante en tu juicio sobre la situación política mundial; esto es, la vida amorosa en la naturaleza. Últimamente he estado leyendo la obra del profesor Freud. No deberías olvidar que alrededor de nuestro Yo se agrupan instintos agresivos que están en una lucha eterna con nuestro Eros y que, por ejemplo, se expresan como impulsos suicidas, o también como sadismo, masoquismo, asesinato pasional…

Martin.—¿Qué me importan a mí tus perversidades, so guarro?

Betz.—¡También son las tuyas!

Martin.—¡Pero qué dices!

Betz.—¿O nunca has pellizcado a tu Anna o a cualquier otra cuando…? Quiero decir, en el momento crucial…

Martin.—Eso no es asunto tuyo.

Betz.—¡Y eso no son perversiones, sino solo instintos básicos! Puedo decirte que nuestros impulsos agresivos desempeñan un papel predominante en el desarrollo del socialismo, es decir, como impedimento. Me temo que en este punto practicas la política del avestruz.

Martin.—¿Sabes lo que me puedes hacer? *(Lo deja plantado.)*

TERCER CUADRO

*En el parque municipal. Con muchas banderas. El aire está lleno de música militar. En una esquina hay dos mujeres. Ya es bien entrada la tarde. Pasa el concejal Ammetsberger. Las mujerzuelas lo saludan.*

Primera *(vieja y enjuta).*—¿Lo conoces?

Segunda *(joven y gorda).*—No está mal.

Primera.—Creo que pinta algo en la ciudad. Un pez gordo.

Segunda.—Probablemente.

*Ahora las banderas ondean al viento.*

SEGUNDA *(indignada)*.—Ojalá no tuviésemos banderas…

PRIMERA.—Pero las banderas son inspiradoras.

SEGUNDO.—No… Cuando veo esas banderas, siempre me parece como si aún estuviésemos en guerra.

PRIMERA *(con el pintalabios)*.—No puedo decir nada en contra de la guerra mundial. Eso sería una ingratitud.

*Silencio.*

SEGUNDA *(cada vez más indignada)*.—Cómo ondean… ¿De qué nos sirve?

PRIMERA.—Para mí lo mejor son las exposiciones agrícolas o, en general, los eventos artísticos. Las celebraciones patrióticas tampoco están mal.

*Pasa un fascista.*

*La primera se acerca a él.*

FASCISTA.—¡Aparta!

*Pausa.*

SEGUNDA.—En realidad, la culpa es de la guerra.

PRIMERA.—¿De qué?

SEGUNDA.—De mí.

PRIMERA.—¡Tonterías! ¡Todos culpan a la pobre guerra! *(Llega Anna y se sienta en un banco dándoles la espalda a las dos mujerzuelas. Espera.)* ¿Quién es esa?

SEGUNDA.—No la conozco.

PRIMERA.—Parece nueva. Y, sin embargo, se parece a alguien…

SEGUNDA *(con sonrisa irónica)*.—A ti…

PRIMERA *(la mira fijamente)*.—Eso ha sido muy ruin por tu parte, Agnes.

*Tres fascistas pasan junto a Anna.*

*Anna evita sus miradas.*

*Los fascistas se paran delante de ella y sonríen maliciosamente.*

*Anna se pone de pie para marcharse.*

*Martin se interpone en su camino, la saluda brevemente y habla con ella.*

*Los fascistas y las mujeres intentan escuchar, pero no oyen nada.*

ANNA.—¿Y?

MARTIN.—No hay ningún «y». El señor concejal ha vuelto a mentir para salir del paso. Estaría por debajo de su dignidad republicana, eso dijo, que por culpa del día alemán y del infame Lehninger tuviese que renunciar a su noche italiana. El típico parlamentario sin estilo. Todo pasa como tiene que pasar.

ANNA.—Un hombre corrupto.

MARTIN.—Manda el lucro. Por lo tanto, gobiernan los elementos asociales. Y crean un mundo a su imagen y semejanza. ¡Pero garantizado! ¡Hoy habrá un baile en su noche italiana! Por los buenos recuerdos.

*Los fascistas se dedican ahora a las dos mujeres.*

ANNA.—¿Sabes qué dicen los camaradas?

MARTIN.—¿Qué?

ANNA.—Que tienes futuro.

MARTIN *(se encoge de hombros)*.—Me conocen. Pero tengo que irme de aquí. A cualquier gran ciudad.

ANNA.—Yo también tengo la sensación de que te están esperando.

MARTIN.—Aquí tengo un radio de acción demasiado pequeño. Lo que hago aquí también podría hacerlo cualquier otro.

ANNA.—¡No, nadie podría hacerlo igual!

MARTIN.—¡Sabes que no me gusta oír eso!

ANNA.—¡Pero es así! Si todos fuesen como tú, mejor nos iría a todos.

MARTIN.—¡Pero yo no puedo evitar ser como soy! ¡Que sea el más inteligente y con más poder de movilización me obliga a implicarme de manera más intensiva con lo que es justo! No quiero volver a oír que soy una excepción. ¡Cielo santo! *(Gritando.)* ¡No lo soy, entiéndelo!

ANNA.—Eso de que no eres una excepción se lo puedes decir a otro...

*Silencio.*

MARTIN.—Anna, el tiempo vuela y en el mundo hay problemas más acuciantes que las cuestiones de forma. ¡No olvides tus obligaciones!

ANNA.—¿Yo?

MARTIN.—Las obligaciones obligan.

ANNA.—Martin. Hablas como si yo no tuviese sentido del deber...

MARTIN.—¿A qué viene eso? Eso sería un error. ¡No compliques las cosas más simples! Solo quiero recordarte lo que hablamos antes de ayer... Así que haz el favor, ¿sí? *(Sale.)*

*Mientras tanto, dos fascistas han desaparecido con las mujeres.*

*El tercer fascista mira a Anna.*

ANNA *(brusca).*—¿Qué? *(El tercer fascista sonríe maliciosamente. Sonríe.)* ¿Qué?

*Karl aparece detrás del fascista.*

*Anna retrocede.*

KARL.—¡Perdón! *(El tercer fascista sonríe maliciosamente; saluda a Anna de manera burlonamente elegante y sale. Silencio. Karl reprime su excitación.)* ¡Perdón, queridísima!

ANNA.—¡Idiota!

KARL.—Por el amor de Dios. Anna y este fascista, y entonces se hunde un mundo en mi interior… ¿Quién está ahora loco, yo o tú?

ANNA.—¡Tú! Pongo todo mi esfuerzo para hacer algo y tú me lo pisoteas todo otra vez, ¡eres un desconsiderado!

KARL.—¡Desconsiderado!

ANNA.—¡E irresponsable!

KARL.—¡Irresponsable! Justo ahora Martin acaba de echarme una bronca por interesarme por una mujer apolítica y va la suya y se pone a tontear con un fascista… ¡Por Dios, ahora sí creo que estoy loco! ¡Completamente loco! ¡Como tiene que ser!

ANNA.—¡Tranquilízate!

KARL.—¡Ay, mi pobre Martin!

ANNA.—¡Pero que no hago nada a espaldas de Martin!

KARL *(la mira fijamente)*.—¿Qué?

ANNA.—¡No hago nada malo!

KARL.—¿Cómo?

ANNA.—Todo está bien. Martin quería información más detallada sobre sus armas de pequeño calibre, y por eso tengo que acercarme a un fascista, para tirarle de la lengua…

*Silencio.*

*Karl enciende un cigarrillo.*

ANNA.—¿Qué habías pensado?

KARL.—¿Yo? ¡Perdón!

ANNA.—Ha sido un insulto grosero…

KARL.—¡Perdón!

ANNA.—¡Qué vergüenza!

*Silencio.*

KARL.—Anna. Tengo mucha experiencia en asuntos eróticos y con el tiempo uno se vuelve un poco cínico. Especialmente cuando se tiene una capacidad de observación tan aguda. Eres, naturalmente, una figura moral. Has cambiado mucho.

ANNA *(sonríe)*.—Gracias.

KARL.—De nada. Eras diferente. Antes.

ANNA *(asiente)*.—Sí, antes.

KARL.—No eras tan puritana.

*Silencio.*

ANNA *(de repente, seria)*.—¿Y?

KARL.—Cuando te veo así, tengo directamente un sentimiento moral. Martin tiene mucha razón, no habría que dejarse llevar de esta manera… Ahora vuelvo a tener una cita, pero ella es políticamente indiferente… *(Mira su reloj.)*

ANNA.—Entonces, si yo estuviese en tu lugar, ejercería una influencia saludable sobre ella.

KARL.—¡Por Dios, eso quiero yo también! ¡Palabra de honor!

ANNA.—¿Cuántas veces has dicho ya eso?

KARL.—Anna. Es más importante reconocer los propios errores que evitar cometerlos. Si aquí y ahora te doy mi palabra de honor de que en nuestra noche italiana de esta noche en cierta manera practicaré una resistencia pasiva…

ANNA.—¿Cómo tengo que entender eso?

KARL.—Por ejemplo: no bailaré ni una sola vez. ¡Palabra de honor! ¡Ni un paso! ¡Tampoco con ella! No tiene ningún sentido pasar por la vida como una bestia y pensar solamente en la satisfacción de los más bajos instintos…

*Sin querer y sin saber lo que está haciendo, pone su mano en la cintura de Anna.*

*Anna se la aparta lentamente y lo mira durante un rato.*

*Karl se da cuenta de lo que ha hecho.*

*Silencio.*

Karl (*malicioso*).—Pero eso me parece cómico en Martin.

Anna.—¿Qué?

Karl.—Yo jamás podría…

Anna.—¿El qué?

Karl.—No me hago una idea de cómo te quiere. O sea, si de manera normal, como ha de ser…

Anna.—¿Qué quieres?

Karl.—Solo es curiosidad. Cuando quiere algo de ti, adopta en cierta manera una postura política… ¿No le provoca eso una lucha interior?

Anna.—¿Una lucha interior?

Karl.—¡Sí!

*Silencio.*

Anna.—¡Pues no! ¡No me vas a confundir! ¡Yo conozco a Martin mejor! Está por encima de todos nosotros. Yo era tonta, estúpida, embustera, pequeña, fea… Él me ha levantado. Nunca había estado satisfecha conmigo misma. Ahora lo estoy. (*Karl hace una pequeña reverencia.*) Ahora tengo un contenido, ¿entiendes? (*Sale lentamente.*)

Karl.—¡Perdón! (*Mira su reloj; camina arriba y abajo.*)

Leni (*llega*).—¡Buenas tardes, señor Karl! ¡Me alegro de que aún esté ahí! ¡Siento no haber podido venir antes!

Karl.—Aún tenemos tiempo. Y tampoco estás peor si llegas tarde.

Leni.—Entonces, ¿por qué tan triste?

Karl.—¿Triste?

Leni.—Esa voz… Como de ultratumba. (*Sonríe.*)

Karl.—Acabo de tener una experiencia. En concreto, una experiencia política. Hay que prestar más atención a las exigencias de cada día, señorita. Creo que estoy maldito.

Leni.—¡Pero señor Karl! Cuando se tiene un andar tan bonito. *(Se ríe.)*

Karl.—¡¿Cómo?! *(La mira fijamente. Leni se calla. Silencio.)* Sí, señorita, por lo visto, usted no me entiende, tendría que explicárselo durante horas… Veo negro el futuro, señorita.

Leni.—Vamos, usted es un hombre…

Karl.—Precisamente como hombre uno está más predispuesto a la desesperación, especialmente yo, porque estoy más cerca de los acontecimientos políticos. ¿A usted no le importa la política?

Leni.—No.

Karl.—Pues debería.

Leni.—¿Por qué me habla ahora de eso?

Karl.—Por su interés.

Leni.—¿Quiere enfadarme?

Karl.—Como ciudadana, sería su deber…

Leni.—Por qué quiere estropearme el buen humor, ¡me había alegrado tanto con su noche italiana!

*Silencio.*

Karl.—Así soy yo, alguien que corta una flor al borde del camino. También necesito tener un contacto humano… Y para mí eso va más allá de la política.

Leni.—¡Ni usted mismo se lo cree!

Karl.—¡Nada de eso! Por ejemplo, nunca podría armonizar a largo plazo con una mujer que tuviese una cosmovisión diferente a la mía.

Leni.—Los hombres tenéis todos la misma cosmovisión.

*Silencio.*

Karl.—¿Pero no es usted alemana?

Leni.—Sí.

KARL.—Mire, señorita, esta es la maldición propia de los alemanes, que no nos preocupamos de la política, no somos un pueblo político… Entre nosotros todavía hay masas de gente que no saben quién los gobierna.

LENI.—Me da igual. La cosa no mejorará. Intentaré sobrevivir.

KARL.—Me parece que carece de solidaridad.

LENI.—¡No hable de manera tan jactanciosa!

KARL.—¿Me parece que no sabe quién es el presidente del Reich?

LENI.—¡No sé cómo se llama esa gente!

KARL.—¿Apuesto a que no sabe quién es el canciller del Reich?

LENI.—¡Tampoco lo sé!

KARL.—¡Pero esto es escandaloso! ¡Y, de nuevo, típicamente alemán! ¿Se imagina a un francés que no lo supiera?

LENI.—¡Pues váyase a Francia!

*Silencio.*

Karl.—¿Quién es el ministro del Interior? ¿O cuántos ministros tenemos? Aproximadamente.

LENI.—¡Si no para ahora mismo, me voy!

KARL.—¡Increíble!

*Silencio.*

LENI.—Me había hecho otra idea de esta noche.

Karl.—Yo también.

LENI.—Sales un día… y te tienden semejante emboscada.

KARL *(mira el reloj).*—Casi es la hora.

LENI.—Prefiero no ir.

*Karl la abraza de repente y le da un beso.*

*Leni no se resiste.*

Karl *(la mira a los ojos y sonríe dolorosamente).*—Sí, el ministro del Interior… *(Vuelve a atraerla hacia él.)*

## Cuarto cuadro

*En el parque municipal, delante del monumento al antiguo soberano. Dos muchachos pintan de rojo la cara del soberano. El tercero vigila. Ya está oscureciendo. A lo lejos, los fascistas tocan la Marcha de Presentación bávara.*

Primer muchacho.—Mañana verán cuánto ha cambiado Su Majestad… Ahora Su Majestad tiene una cabeza roja… roja como la sangre…

Segundo.—¡Qué pinta tan orgullosa!

Primero *(golpea con el pincel la cara de Su Majestad)*.—¡Lástima que solo tenga una cabeza!

Tercero.—¡Parad!

Segundo.—¿Eh?

Tercero.—¡Madre mía, que vienen dos!

Segundo.—¡Corre!

Primero.—¡Listo! *(Sale corriendo con sus camaradas.)*

*Ha caído la noche.*

*Anna llega con un fascista.*

El fascista.—¡Bonita ciudad, su ciudad, señorita! Como hija de esa ciudad tiene que llenarla de orgullo.

Anna.—Sí, estoy orgullosa de ser de aquí.

El fascista.—¡Honra a tu patria! Y qué comodidades prácticas tiene aquí…

Anna.—¿Nos sentamos?

El fascista.—¡Autorizado! *(Se sientan.)*

ANNA.—Estoy un poco cansada porque he acompañado al desfile durante todo el día.

EL FASCISTA.—¿Lleva también usted la música militar en la sangre?

ANNA.—Creo que la llevo en la sangre… *(Miente.)* ¡De hecho, mi padre fue sargento mayor!

EL FASCISTA.—¡Firmes!

*Silencio.*

EL FASCISTA.—Eso de ahí ¿no es el monumento a gran escala de Su Majestad?

ANNA.—Sí.

EL FASCISTA.—Ya tuve el honor de conocerlo. Esta mañana tuvimos aquí una discusión de grupo interna… Un verdaderamente hermoso monumento, pleno de estilo. ¡Lástima que haya oscurecido y que ya no se pueda seguir admirando!

ANNA.—¿La discusión de grupo interna era muy importante?

EL FASCISTA.—¡Extremadamente!

ANNA.—¿Y de qué se habló?

EL FASCISTA.—De nuestra misión. ¡No es verdad cuando los cobardes mercenarios del dinero dicen que estamos en el mundo para disfrutar y morir! ¡Tenemos una misión que cumplir! Unos sienten este impulso de manera más fuerte, otros de manera más débil. ¡En nosotros arde como fuego sacrificial! ¡Llegaremos hasta el final!

*Silencio.*

ANNA.—Me gustaría saber una cosa.

EL FASCISTA.—¡A su disposición!

ANNA.—Aún estoy muy verde con la política y no sé mucho sobre su movimiento…

El fascista *(la interrumpe)*.—¡La mujer tiene que estar en el hogar y solo brindar su ayuda al hombre que lucha!

Anna.—Me gustaría saber algo sobre el futuro, más o menos...

El fascista.—Señorita, no insista, por favor. No puedo decir nada sobre eso porque se trata de un secreto sagrado. *(Silencio.)* ¡Y qué disparatadas locuras son esas cuando afirman que no somos un partido proletario! ¡Sé de lo que hablo! ¡Pertenezco a las clases cultivadas y tampoco soy el más tonto! Soy droguero.

Anna.—Está oscureciendo.

El fascista *(con voz apagada)*.—Sí, oscureciendo. *(Silencio.)* Oscureciendo como en mi interior. Señorita, apenas puedo mirarla... Su cabello rubio...

Anna.—No tengo el pelo rubio, sino castaño.

El fascista.—Trigueña, trigueña... ¡Ten cuidado, trigueña, ten cuidado! Ya sabes de quién... Por lo demás, ¡el judío nos llevado a la guerra! ¡Ya les era mucha hora en 1914! Porque podría haber llegado el momento en el que los pueblos quizá se hubiesen puesto alerta. Supongamos que hubiese caído una epidemia sobre el mundo; entonces la gente habría visto ¡que los judíos habrían sido los culpables! Trigueña, me alegro de que me haya permitido dirigirle la palabra...

Anna.—No suelo permitir que me hablen así, pero...

El fascista.—¿Pero?

Anna.—Pero con alguien como usted... ¡No, no! ¡No, por favor! ¡Déjeme, por favor!

El fascista.—¡Por favor! ¡A sus órdenes!

*Silencio.*

Anna.—No puedo tan rápido.

El fascista.—¡Pero no ha sido tan rápido! Hemos estado hablando durante un rato, primero sobre arte y luego sobre su hermosa ciudad y ahora sobre nuestra revolución… *(Silencio. De repente, continúa.)* ¡¿Y sabe también quién nos ha llevado a la ruina!? ¡El materialismo! ¡Le diré cómo ha llegado hasta nosotros, lo sé muy bien! Mi padre es trabajador por cuenta propia desde hace veintitrés años. Lo era. Allí donde ibas, el judío lo había comprado todo. Fue por todas partes y sacó la oferta más barata. Todo fue arrastrado por la vorágine y, ¿verdad?, así se fue extendiendo el materialismo cada vez más. ¡Pero nos hemos vuelto demasiado afeminados! ¡Ha llegado el momento de que volvamos a ponernos los pantalones, que nos demos cuenta de que somos cimbros y teutones! *(Se abalanza sobre ella.)*

Anna.—¡No! ¡No! *(Se defiende.)*

*Ahora cae luz sobre el monumento y se ve a Su Majestad con la cabeza roja.*

El fascista *(se aparta de Anna; con voz ronca).*—¿Esto? No, esta profanación… esta profanación… ¡El dios que hizo crecer el hierro! ¡Venganza! ¡Dios está con nosotros! ¡Despierta, Alemania!

*A lo lejos suena la* Canción de la esvástica.

## Quinto cuadro

*En la terraza del local de Josef Lehninger. Con música.*

Los fascistas *(beben cerveza y cantan)*:
No sé por qué motivo
estoy tan triste,
una historia de tiempos pasados
se me viene a la mente.
El aire es fresco, y ha oscurecido,
y sereno fluye el Rin…
Un fascista.—Al Rin, al Rin, al Rin alemán…
Todos los fascistas:
¡Todos queremos ser defensores!
Querida patria, quédate tranquila,
Querida patria, quédate tranquila,
firme y leal es la guardia, la guardia del Rin,
¡firme y leal es la guardia, la guardia del Rin!
Los fascistas *(con la jarra de cerveza en la mano)*.—¡Heil!
¡Heil! ¡Heil! *(Beben.)*
*Ahora suena la música:* Orgullosa ondea la bandera negra,
blanca y roja.
El teniente *(con el mapa; le hace señas a un fascista para que
se acerque)*.—Entonces, nuestro ejercicio nocturno. Detrás de
este pantano está, por ejemplo, Francia, justo al lado de la arti-
llería anglosajona. Por arriba y abajo, bolcheviques. ¿Entendido?
El fascista.—¡A sus órdenes!

EL TENIENTE.—¿Y nosotros? Nosotros estamos aquí, en el bosque. En el bosque alemán. En realidad es incluso simbólico. Seremos atacados, por supuesto. A lo largo de la historia mundial se puede observar que nosotros, los alemanes, nunca hemos hecho nada malo a otros pueblos. Ahora supongamos que el mundo entero está contra nosotros...

TABERNERO.—¡Disculpe, por favor!

EL TENIENTE.—¡Señor Lehninger!

TABERNERO.—Señor teniente, ahora necesito mi local...

EL TENIENTE.—¿Qué significa esto?

TABERNERO.—Es hora de que... Ahora tienen que abandonar mi local...

EL TENIENTE.—¡¿Bueno, qué confianzas son estas?!

TABERNERO.—Pero es solo mi deber patriótico recordárselo... De lo contrario, se perderá sus diversos ejercicios nocturnos...

*Silencio.*

EL TENIENTE *(despide al fascista; llama).*—¡Czernowitz!

CZERNOWITZ *(un estudiante de Secundaria).*—¡A sus órdenes, mi teniente!

EL TENIENTE.—El señor comandante nos espera en el bosque. El señor comandante pronunciará su discurso en nuestro bosque alemán. ¿Ha terminado el discurso?

CZERNOWITZ.—¡Así es, mi teniente! *(Le da unas hojas que saca de su un cuaderno escolar.)*

EL TENIENTE.—¿Título?

CZERNOWITZ.—¿Qué les debemos los alemanes a los japoneses?

EL TENIENTE.—¡Correcto! Pero, hombre, ¿cómo no lo ha pasado a limpio?

CZERNOWITZ.—¡Usted no conoce a mi padre, mi teniente! ¡Solo se preocupa de mis tareas escolares! Mi familia no me comprende, mi teniente. Cuando hace poco me alegré de que tuviésemos tantos enemigos porque eso es un honor, mi padre me dio un coscorrón. Si no fuese por mi madre, mi teniente… Mi madre es la única que me comprende… Mi padre es liberal.

*Silencio.*

EL TENIENTE.—¡Rompan filas! *(CZERNOWITZ se marcha.)* ¡A formar! *(Se acercan los fascistas.)* ¡Firmes! ¡Derecha! ¡Destacamento, marchen!

*Los fascistas se marchan. Y la música toca la* Marcha de Presentación *bávara.*

*El tabernero baja la bandera negra, blanca y roja e iza la negra, roja y gualda.*

*Ahora ha oscurecido del todo y comienza la noche italiana republicana. Con guirnaldas y farolillos, charanga y baile. — Afiliados y simpatizantes entran en el local con música, y, en concreto, con la* Marcha de los gladiadores: *en primer lugar, el concejal Ammetsberger, Kranz, Betz, Engelbert y sus esposas. También están Karl y Leni. Y también llega Martin con sus camaradas, sombríos y decididos, y se sienta aparte con ellos.*

CONCEJAL.—¡Damas y caballeros! ¡Camaradas! Hace solo unas horas parecía que un malhadado destino quería que nosotros, hombres y, por último pero no menos importante, republicanos, no hiciésemos realidad nuestro más ardiente deseo, nuestro anhelado sueño, nuestra noche italiana. ¡Camaradas! ¡En nombre del comité de dirección tengo la satisfacción de comunicaros que hemos vencido al destino! Cuando veo este fastuoso ambiente, este júbilo en todos los expectantes rostros, tanto jóvenes como viejos, ¡entonces sé a qué le hemos vencido! ¡Y, así, desearía que esta fiesta en el jardín, que esta noche italiana republicana nuestra permanezca indeleble en la memoria de todos los presentes! ¡Por el pueblo alemán unido en la República! ¡Viva! ¡Viva! ¡Viva!

TODOS *(se ponen en pie menos los camaradas de Martin).*—¡Viva! ¡Viva! ¡Viva!

*Toque de clarines.*

CONCEJAL.—¡Sentaos!

ENGELBERT.—¡Damas y caballeros! ¡Camaradas! ¡Queridos simpatizantes! ¡Me alegro de que estemos aquí! ¡Ocupad vuestros puestos para la francesa! *(El concejal, Betz, Kranz, Engelbert, etc. con sus mujeres bailan una francesa. Martin y sus camaradas miran, sombríos. Ahora la música toca un vals.)* ¡Las damas eligen pareja!

MARTIN *(a sus camaradas).*—¡Que no me baile nadie! Os pido disciplina… ¡Disciplina y oposición!

*Algunas señoritas quieren bailar con los camaradas de Martin, pero son rechazadas.*

LENI *(a Karl).*—¿Puedo pedírtelo ahora? *(Karl calla.)* ¿Puedo pedírtelo por última vez? *(Karl calla.)* Cómo se puede permitir que una señorita pida así…

KARL.—¿Crees que puedo superar esto tan fácilmente?

LENI.—Entonces, ¿para qué hemos venido, si no bailamos?

KARL.—Eso tiene un significado profundo.

LENI.—¿Y tú pretendes ser un hombre? ¿Y no te atreves a bailar?

KARL.—Uno puede renunciar como hombre a muchas cosas, pero nunca puede faltar a su palabra de honor.

LENI.—Un verdadero hombre puede hacer lo que quiera. No. Aparta esa mano.

KARL.—¿Qué mano?

LENI.—La tuya.

KARL.—No sabes lo que son los conflictos… Si lo supieras, no hablarías así. *(De manera involuntaria comienza a bailar con ella, y, en concreto, hacia la izquierda.)*

PRIMER CAMARADA.—Eh, Martin, le ha dado su palabra de honor a tu Anna de que es uno de los nuestros…

MARTIN.—Le prometió a mi Anna que no daría ni un paso de baile, sino que se uniría a nuestras consignas, y además de manera radical.

SEGUNDO CAMARADA.—Un bribón, un hombre sin carácter.

TERCER CAMARADA.—Otro más.

PRIMER CAMARADA.—Y en esta ocasión por una mujerzuela…

CUARTO CAMARADA.—¡Y que se cree no sé qué!

TERCER CAMARADA.—¡Jesús, qué gracioso!

PRIMER CAMARADA.—Nunca entenderá cuál es su lugar.

SEGUNDO CAMARADA.—¿Quién esa la mujer esa?

CUARTO CAMARADA.—Una proletaria.

PRIMER CAMARADA.—No. Es algo mucho más refinado. Es una empleada. *(Ríe maliciosamente.)*

*El tercer camarada se ríe.*

CUARTO CAMARADA.—¿Cuándo pasamos a la acción?

*El tercer camarada se calla de repente.*

MARTIN.—¡Cuando os dé la señal! *(Se pone de pie, se acerca a los que bailan y los mira; ahora suena un vals, algunas parejas dejan de bailar, entre ellas, también el concejal Ammetsberger.)*

CONCEJAL.—Bueno, ¿qué te ha parecido la idea?

ENGELBERT.—¡Una idea magnífica!

CONCEJAL.—Ya sabía yo que una reunión social tan informal haría que los republicanos nos acercásemos más humanamente.

KRANZ *(está un poco achispado)*.—Yo me alegro de que no nos hayamos dejado intimidar por esos reaccionarios asquerosos y que con un sencillo movimiento de la mano hayamos dejado a un lado esta insondable falta de carácter de nuestro querido Josef. Esto demuestra grandeza interior.

CONCEJAL.—¡Una idea magnífica!

ENGELBERT.—¡Un acto propagandístico!

KRANZ.—¡Estos maléficos fascistas no se enfadarían poco si pudiesen ver con qué desenvoltura los republicanos nos movemos aquí! *(Se tambalea un poco.)*

ENGELBERT.—¿Dónde están ahora esos fascistas?

BETZ.—Algo he oído sobre unos ejercicios nocturnos.

ENGELBERT.—Bueno, ¡que se diviertan!

KRANZ.—¡Salud!

CONCEJAL.—Esa tontería infantil de las armas de calibre pequeño.

BETZ.—Pero también tendrán ametralladoras…

CONCEJAL *(lo interrumpe)*.—¡Palabras vacías! ¡El desaliento es lo último, camaradas! Me permiten que les presente a mi mujer, mi mejor mitad.

FRANZ.—¡Con mucho gusto!

ENGELBERT.—¡Encantado!

BETZ.—Ya nos conocemos de vista.

*La mejor mitad sonríe insegura.*

CONCEJAL.—Ajá, ¿de qué os conocéis?

BETZ.—Una vez te vi pasar con ella.

CONCEJAL.—¿A mí? ¿Con ella? Nunca salimos juntos.

Betz.—No es así. E incluso tuvo que ser antes de la Navidad…

Concejal.—¡Cierto! ¡Fue por su cumpleaños! El único día del año en el que puede acompañarme, al cine. *(Sonríe y le pellizca la mejilla.)* Se llama Adele. Hoy es una excepción, una gran excepción… A Adele no le gusta la vida social, prefiere estar en casa. *(Esboza una sonrisa irónica.)* Una amita de casa.

Kranz *(a Adele).*—Hogar, dulce hogar. El hogar es oro. El fundamento del Estado es la familia. ¿Qué podría ser más hermoso que una canción vienesa? *(Se va, tambaleándose y tarareando, a por su cerveza.)*

Betz.—Un bribón.

Engelbert *(a Adele).*—¿Baila?

Concejal.—¡Gracias! Adele no debería bailar. Suda.

*Pausa.*

*Engelbert baila con una quinceañera.*

Adele *(medrosa).*—¡Alfons!

Concejal.—¿Qué?

Adele.—Yo no sudo nada.

Concejal.—Déjame esto a mí, por favor.

Adele.—¿Por qué no debería bailar?

Concejal.—¡No sabes bailar!

Adele.—¿Yo? ¡Sí que sé bailar!

Concejal.—¿Desde cuándo?

Adele.—Desde siempre.

Concejal.—¡Tú nunca supiste bailar! ¡Ni cuando eras una jovencita! ¡No me avergüences, señora concejala! *(Enciende un puro.)*

*Pausa.*

ADELE.—Alfons, ¿por qué has dicho que no me gusta la vida social? Me gustaría salir contigo más a menudo. ¿Por qué has dicho eso?

CONCEJAL.—Por eso.

*Pausa.*

ADELE.—Ya sé que haces una vida pública, que eres una personalidad pública…

CONCEJAL.—¡Silencio, señora concejala!

ADELE.—Siempre me presentas de manera incorrecta. Dices que no salgo contigo…

CONCEJAL *(la interrumpe).*—¡Mira!

ADELE *(hostil).*—¿Qué?

CONCEJAL.—Que tú no me llegas ni a la suela de los zapatos.

*Pausa.*

ADELE.—No quiero volver a salir a ningún sitio.

CONCEJAL.—¡Una excelente idea! *(La deja; a Betz.)* Mi mujer, ¿eh? *(Sonríe maliciosamente y la amenaza, con cierta guasa, con el dedo índice.)* Cuando vayas con mujeres, no olvides el látigo.

BETZ.—Eso es de Nietzsche.

CONCEJAL.—¡Me importa un bledo! Ella obedece todo lo que se le dice. ¡Este es un lugar espléndido! Estos antiguos árboles y el aire cargado de ozono. *(Respira profundamente.)*

BETZ.—Las maravillas de la naturaleza.

CONCEJAL.—Las maravillas de la creación… No hay nada más magnífico. Yo lo sé bien porque soy hijo de labriegos. Cuando se mira al cielo, uno se ve tan diminuto… ¡Estas eternas estrellas! ¿Qué somos nosotros en comparación?

BETZ.—Nada.

CONCEJAL.—Nada. Dios tiene buen gusto.

BETZ.—Todo es relativo.

*Silencio.*

CONCEJAL.—Oye, Betz, me he comprado un trozo de tierra.

BETZ.—¿Dónde?

CONCEJAL.—Casi media hectárea. Con un claro. Mira, mi buen amigo, el mundo tiene sitio para mil quinientos millones de personas, por qué no podría ser mío un trocito de este mundo enorme…

PRIMER CAMARADA *(que ha oído, sin querer, la conversación).*—¡Bonito marxista!

*Silencio.*

CONCEJAL.—¿Qué ha dicho ese?

BETZ.—¡Déjalo!

ADELE.—Ha dicho: «Bonito marxista».

CONCEJAL.—Con qué facilidad le dices eso a alguien en la cara. ¡Estupendo!

ADELE.—Solo he dicho lo que él ha dicho.

CONCEJAL.—¿Quién? ¡A lo que se atreven estos inmaduros! ¡En fin! *(Señala a Martin y sus camaradas.)* No ha bailado ni uno, ¡hermosa juventud! Oposición y oposición. Revuelta o algo parecido. Síntomas de división. Necesidad de autoridad. Hay que… *(Va hacia la mesa con la cerveza, pero se detiene al ver que Martin y sus camaradas han formado un grupo que debate en voz baja; intenta escuchar; de repente, se acerca rápidamente a Martin.)* Martin, ¿qué has dicho? ¿Has dicho «bonito marxista»?

MARTIN.—No he dicho nada, pero podría haberlo dicho.

CONCEJAL.—¿Y qué habrías querido decir si lo hubieses dicho?

MARTIN.—Hablamos luego. *(Deja de hacerle caso.)*

*Acorde y gong.*

ENGELBERT *(en la tarima).*—¡Damas y caballeros! ¡Camaradas! Tengo que comunicaros una gran y agradable sorpresa. Os espera un placer artístico poco común. La señora Hinterberger, la esposa de nuestro admirado y querido tesorero, ha decidido muy amablemente ¡agasajarnos con su voz de contralto! *(Gritos de «¡Bravo!» y aplausos.)* ¡Por favor, pido silencio para la señora Hinterberger!

Señora Hinterberger *(sube a la tarima y la reciben con aplausos).*—Les cantaré una balada de Löwe: *El cazador Heinrich.*

*Canta la balada; gran ovación; solo Martin y sus camaradas, como han hecho hasta ahora, no participan en la ovación; ahora la gente vuelve a bailar.*

Leni *(a Karl).*—Ha sido muy bonito. De hecho, yo soy muy musical.

Karl.—Ya me había dado cuenta.

Leni.—¿Cómo?

Karl.—Por cómo bailas. Tienes una sensibilidad exorbitantemente rítmica…

Leni.—Pero eso no solo depende de mí. También depende del caballero.

Karl.—Entonces, ¿no te arrepientes de haber venido conmigo?

Leni *(sonríe).*—Con tal de que no vuelvas a ponerte político. Prométeme, dame tu palabra de honor de que nunca lo volverás a hacer.

Karl.—Eso no es tan sencillo.

Leni.—¿Por qué?

Karl.—Solo doy mi palabra de honor cuando puedo cumplirla. La gente suele romper su palabra mucho más fácilmente de lo que la cumple.

Leni.—Si me das tu palabra, yo te doy la mía…

Karl.—¿Tú?

LENI.—Una mujer no tiene mucho para dar… Pero cuando da algo, convierte al hombre en un rey.

MARTIN *(a Karl)*.—Karl, ¿puedo pedirte un momento…?

KARL.—Sí. *(A Leni.)* ¡Perdón! *(A Martin.)* ¿Qué?

MARTIN.—Le habías prometido a Anna que no bailarías, así que solo quería constatar que has roto tu palabra de honor política por una diversión.

KARL *(se pone nervioso)*.—¿He hecho eso?

MARTIN.—Sí. Incluso me prometiste que si se tuviese lugar aquí y ahora la próxima confrontación de cosmovisiones…

KARL *(lo interrumpe)*.—¡Por favor, no vuelvas a ponerte moralista!

MARTIN.—Has vuelto a mancillar tu honor.

KARL.—¿Lo dices en serio?

MARTIN.—Y tanto, naturaleza artística…

*Pausa.*

KARL *(sonríe con malicia)*.—Martin, ¿dónde está tu Anna?

MARTIN.—¿A qué viene eso?

KARL.—¿Vendrá pronto?

MARTIN.—¿La has visto?

KARL.—Sí.

MARTIN.—¿Sola o acompañada?

KARL.—Acompañada.

MARTIN *(sonríe)*.—Eso está bien.

KARL.—¿Eso crees?

MARTIN.—Sí.

*Pausa.*

KARL *(con sonrisa irónica)*.—¡Honi soit qui mal y pense!

MARTIN.—¿Qué significa eso?

KARL *(con placer malévolo)*.—Es en francés.

*Pausa.*

MARTIN.—No estoy enfadado contigo, me das pena. Es una lástima lo que haces con tus capacidades. Pero siempre tienes excusas. Un medio hombre. *(Lo deja.)*

*Acorde y gong.*

ENGELBERT *(en la tarima).*—¡Estimados! ¡Camaradas! ¡Y otra vez hay una gran y agradable sorpresa! En la línea de nuestro programa artístico llega ahora un exquisito *ballet* ¡ejecutado por las linda gemelas de nuestro camarada Leimsieder y titulado *Flor y mariposa*!

*Las lindas gemelas de trece años suben a la tarima y son saludadas con fuertes aplausos.*

CONCEJAL.—¡Bravo, Leimsieder!

*Las lindas gemelas bailan una cursilería afectada. De repente, del lugar donde está Martin se oye un agudo silbido, las lindas gemelas se estremecen pero siguen bailando, aunque más inseguras; a los que aquello les gusta, miran, enfadados, a Martin. Entonces vuelve a oírse un silbido y, de hecho, todavía más estridente.*

KRANZ *(ruge).*—¡Silencio, por Dios Santo! ¡¿Qué insolentes son los que están silbando?! ¡Gamberros, asquerosos, payasos!

ENGELBERT.—¡¡A quien no le guste, que se marche!!

VOCES.—¡Fuera, fuera!

*Tumulto.*

*Las lindas gemelas rompen a llorar.*

PRIMER CAMARADA *(da un puñetazo en la mesa).*—¡Aquí no queremos ningún *ballet* infantil!

KRANZ.—¡Cierra el pico!

SEGUNDO CAMARADA.—¡Ciérralo tú!

UNA TÍA.—¡Mirad cómo lloran las pequeñas, salvajes!

TERCER CAMARADA.—¡Teatro Real!

CUARTO CAMARADA.—¡Ópera Real! ¡Ópera!

CONCEJAL.—¡Esto se me está poniendo demasiado estúpido!

ALGUNOS CAMARADAS.—¡Ehhh!

CONCEJAL.—¡Ah, soy muy enérgico!

ALGUNOS CAMARADAS.—¡Ehhh!

CONCEJAL.—¡Ahora viene el ajuste de cuentas!

TERCER CAMARADA.—¡Bueno, bueno!

TÍA.—¡Ay, esta juventud!

CUARTO CAMARADA.—¡Bonito marxista!

LOS CAMARADAS *(a coro)*.—¡Bonito marxista! ¡Bonito marxista! ¡Bonita marxista! ¡Bonito marxista!

CONCEJAL.—¿Quién? ¿Yo? ¡Podría recitar el *Manifiesto comunista* de memoria, todavía estáis en pañales, cernícalos! *(Silbido.)*

LA TÍA.—¡Estos bárbaros están arruinando el placer artístico!

CUARTO CAMARADA.—¡Tú y tu placer artístico!

TERCER CAMARADA.—¡Flor y mariposa!

PRIMER CAMARADA.—¡Basura! ¡Basura! ¡Basura!

KRANZ.—¡Ah, bárbaros del arte! *(Casi se cae de la borrachera.)*

ENGELBERT.—¡Mirad lo que habéis hecho! ¡Lágrimas infantiles! ¡¿No os da vergüenza?! ¿O no sabéis con qué amor han preparado esto? ¡Durante semanas el camarada Leimsieder y su esposa han sacrificado cada minuto libre para poder hacernos felices!

UN CAMARADA DE FUERA *(de Magdeburgo)*.—¡Mejor habría sido que hubiese sacrificado sus minutos libres para aumentar la fuerza de nuestra organización!

*Silencio sepulcral; sorpresa inmensa por la manera de hablar foránea.*

CONCEJAL.—Ah, un prusiano…

*Tumulto.*

LA DVORAKISCHE.—¡No arruine nuestra noche!

MARTIN.—¡Hay que arruinar noches como esta!

EL CAMARADA DE MAGDEBURGO.—¡Camaradas!

MARTIN.—¡Ahora hablo yo! ¡Camaradas! ¡Mientras nosotros celebramos una fiesta familiar con *ballet* infantil republicano, los reaccionarios realizan ejercicios nocturnos con ametralladoras!

EL CAMARADA DE MAGDEBURGO.—¡Compañeras y compañeros! ¡¿No queréis ver cómo rechazan, se burlan y explotan al proletariado más que nunca?! ¿Y vosotros?

MARTIN *(lo interrumpe)*.—¡¿Y vosotros?! ¡Noches italianas! ¿Es que ya habéis olvidado la frase: Ah, si tan solo cada proletario encontrase su placer en la acción republicana…

EL CAMARADA DE MAGDEBURGO *(lo interrumpe)*.—¡Revolucionaria! ¡En la acción revolucionaria! Hay que exigir…

CONCEJAL.—¡Aquí no hay nada que exigir!

MARTIN.—Hay que exigir: convocatoria inmediata del comité de dirección y resolución sobre la propuesta:

EL CAMARADA DE MAGDEBURGO.—¡Armarse con armas de pequeño calibre!

KRANZ.—¡Cierra el pico, asqueroso prusiano maléfico!

VOCES.—¡Fuera con él! ¡¡Fuera!!

EL CAMARADA DE MAGDEBURGO.—¡Compañeras y compañeros!

MARTIN.—¡Ahora hablo yo, santo cielo! ¡Me estás sacando del tema! ¡Yo quiero lo mismo, pero así no vamos a llegar a ninguna parte! ¡Así que deja que hablen aquí los líderes locales!

CONCEJAL.—¡Camaradas! Un criminal se atreve a perturbar nuestra fiesta y hace que los niños lloren. ¡Camaradas, lo que Martin quiere es inviable! No queremos seguir los pasos de los reaccionarios. No pondremos cañones en nuestras manos, ¡pero quien se atreva a poner en serio peligro nuestra República democrática, será repelido!

MARTIN.—¿Y con qué?

CONCEJAL.—¡Todas las bayonetas de la reacción internacional se estrellarán contra nuestra inquebrantable voluntad de paz! *(El tercer camarada se ríe.)* ¡Así es la gente que niega el poder de las ideas morales!

PRIMER CAMARADA.—¡Dichos de un apóstol de la humanidad!

CONCEJAL.—¡No son dichos! ¡No queremos ver más armas, yo mismo perdí en la guerra a dos hermanos de mi mujer!

CUARTO CAMARADA.—¡Ya estamos en la siguiente guerra, yo y Stiegler, y este de aquí y aquel de allí!

KRANZ *(imitándolo).*—¡Y yo y yo de aquí y yo de allí!

CONCEJAL.—¡No tiene que haber más guerras! ¡Sabremos cómo frustrar este crimen! Lo haré ahora mismo.

MARTIN.—¡Justo como en 1914!

CONCEJAL.—¡Esas eran circunstancias completamente diferentes!

EL CAMARADA DE MAGDEBURGO.—¡Siempre lo mismo, siempre lo mismo!

CONCEJAL.—¿¡Dónde estabas tú en 1914!? ¡En la guardería!

EL CAMARADA DE MAGDEBURGO.—¿Y tú? ¡Ya en 1914 presumías de las heroicidades de los antepasados, pero nosotros, los jóvenes, no podemos hacerlo!

MARTIN.—¡¡Camaradas!! ¡Como sigamos así, mañana despertaremos en el sacro imperio romano-mussolínico de la nación alemana!

EL CAMARADA DE MAGDEBURGO.—¡¡Compañeras y compañeros!!

KRANZ *(fuera de sí).*—¡Ahora mismo echo de aquí a este aguardentoso prusiano advenedizo! ¡Fuera con él! ¡¡Fuera!!

MARTIN.—¡¡Tranquilidad!! ¡Qué prusiano ni qué prusiano! En resumen: para resumir: ¡hay que terminar con noches italianas como esta! ¡Radicalmente! ¡Radicalmente!

CONCEJAL.—¡El reglamento! En virtud de nuestros estatutos, ¡exijo la expulsión inmediata del camarada Martin!

ENGELBERT.—¡Bravo!

CONCEJAL.—¡Y, de hecho, por comportamiento anticamaraderil!

MARTIN.—¡Bravo! ¡Vamos! *(Sale con sus camaradas.)*

CONCEJAL.—¡No permitamos que se estropee nuestra noche italiana, camaradas! ¡Llevaba dos semanas ilusionado con esta noche y no permito que se estropee! ¡Música! ¡Sentaos!

## Sexto cuadro

*Delante del local de Josef Lehninger. Martin y sus camaradas abandonan la noche italiana. A la derecha, un urinario.*

Martin.—Así que expulsado. Por comportamiento anticamaraderil. ¿No es para reírse?

*Silencio.*

Segundo camarada.—¿A dónde vamos?

Martin.—Conmigo.

El camarada de Magdeburgo.—¡Al trabajo! ¡No podemos perder ni un minuto!

Martin.—Pronto vuelve la burguesía a la torre de la dictadura.

El camarada de Magdeburgo.—¡Estad preparados!

*Silencio.*

Martin *(en voz baja, con desconfianza).*—¿Pero quién es ese?

Primer camarada.—No lo conozco.

Tercer camarada.—Ni idea.

*Entran todos en el urinario.*

El camarada de Magdeburgo *(los sigue).*—¡Soy de Magdeburgo, camaradas!

Voz de Martin *(desde el interior del urinario).*—Así que de Magdeburgo. Así que eres de Prusia. Por lo tanto, solo quiero que sepas que aquí soy yo el líder oficial, y entre nosotros es costumbre que dirija las acciones el líder designado y ningún otro. Sea de Magdeburgo o de donde quiera. *(Reaparece con sus camaradas.)*

*Silencio.*

MARTIN *(al primer camarada).*—¿Se corresponde con los hechos que hayas estropeado el monumento a Su Majestad?

SEGUNDO CAMARADA *(con expresión refinada).*—Nos hemos concedido la licencia para desfigurar el monumento a Su Majestad con cierta cantidad de pintura de color rojo.

MARTIN.—¿Quiénes?

SEGUNDO CAMARADA.—Yo.

CUARTO CAMARADA.—Y yo.

MARTIN.—Ajá. También tú. Esto es, naturalmente, una soberna estupidez. ¡¿O no, señores míos?!

EL CAMARADA DE MAGDEBURGO.—Profanar un monumento es naturalmente solo una chiquillada. ¡No os preocupéis por las dinastías exiliadas, jóvenes! ¡Mejor preocupaos de que no se les lleguen a erigir monumentos a los señores capitalistas!

*Silencio.*

MARTIN *(habla en voz baja con sus camaradas; a continuación se vuelve hacia el camarada de fuera).*—Quiero decirte algo: creo que eres un agente provocador…

EL CAMARADA DE MAGDEBURGO *(horrorizado).*—¡Camarada!

MARTIN.—Esto es justo lo que nos faltaba, provocadores extranjeros… de Magdeburgo. *(Se aparta de él.)*

EL CAMARADA DE MAGDEBURGO.—Es para desesperarse.

MARTIN.—¿Aún estás ahí? Sí, ¡¿aún estás ahí?! *(Se acerca amenazadoramente a él.)*

EL CAMARADA DE MAGDEBURGO *sale rápidamente.*

KARL *(viene, acompañado de Leni, de la taberna).*—Ahí dentro es un caos.

TERCER CAMARADA.—¡Me alegro mucho!

LENI.—Todos se marchan. El buen ambiente se ha ido al infierno.

SEXTO CAMARADA.—¡Entonces está donde tiene que estar!

KARL.—Martin, te pido que me perdones.

MARTIN.—¿Por qué?

KARL.—Por haber roto mi palabra de honor. Naturalmente, fue un truco, lo pensé detenidamente, pero solo me pareció un truco. Rompí mi palabra solo en apariencia.

MARTIN.—¿Cómo hay que entender eso?

KARL.—Mira, ¡yo tenía que bailar! Le había prometido a tu Anna que a la señorita que está ahí detrás la convertiría a nuestros ideales, para eso hay que acercarse a una señorita como esa poco a poco…

MARTIN.—Que siempre te relaciones solo con señoritas…

KARL.—Cada uno en su sitio. Yo pertenezco a una generación más vieja que la tuya, y eso no es poco, aunque entre nosotros solo haya cinco años de diferencia, pero cinco años de guerra…

MARTIN.—A las leyes de la historia le importan un bledo los destinos individuales, marchan inexorables por encima del individuo, y, en concreto, hacia delante.

KARL.—Ahí te doy toda la razón.

MARTIN.—Tú serías útil si se pudiese confiar en ti. Pero precisamente eso no es posible porque eres un medio hombre.

KARL.—Tú no tienes conflictos con lo erótico. ¡Por Dios, a veces te envidio!

MARTIN.—Y tú me das pena. No he dejado de intentarlo contigo. Pero se acabó. Ya no valoro en nada tu colaboración.

KARL *(se inclina ligeramente)*.—¡Por favor! ¡Perdón! *(Sale con Leni.)*

*También los camaradas han ido desapareciendo durante esta escena. Llega Anna.*

MARTIN.—¡Anna!

ANNA.—¡Estoy horrorizada!

MARTIN.—¿Tú?

ANNA.—Pensaba que eras diferente…

MARTIN.—A ver.

ANNA.—Me resultaste tan extraño.

MARTIN *(casi burlón)*.—¿Yo? ¿Qué ha pasado?

ANNA.—Varias cosas.

MARTIN.—¿En primer lugar?

ANNA.—En primer lugar, he sabido que estos fascistas querían sabotear nuestra noche italiana…

MARTIN *(la interrumpe)*.—¡En primer lugar, no es nuestra noche italiana! Y, en segundo lugar, su noche italiana ya ha terminado. Lo he hecho yo.

ANNA.—¿Ya?

MARTIN.—¡Y tarde! ¿Y?

ANNA.—Los fascistas quieren dar una paliza a todos.

MARTIN.—¡Eso está bien! ¡Es lo que le deseo a este comité de dirección! ¡Estos pequeñoburgueses deberían sentir en sus propias carnes los frutos de su táctica traicionera! ¡Los jóvenes les dejamos su destino y determinamos nuestro propio destino!

ANNA.—Yo no lo haría.

MARTIN.—¿Qué significa eso?

ANNA.—Yo no lo haría. Yo los ayudaría, están más cerca de nosotros que los otros.

MARTIN.—¡Pero qué dices!

ANNA.—Si yo también deseo que al concejal le zurren la badana, pero hay otros que quizá se lo toman en serio…

MARTIN *(irónico)*.—¿Tú crees?

ANNA.—Y, por último, ¡a nadie más le importan los conflictos que tengamos aquí! ¡Son nuestros conflictos!

MARTIN *(con desprecio)*.—Creo que ese es tu punto de vista personal.

ANNA.—No me hables en ese tono.

*Silencio.*

MARTIN.—¿Y?

ANNA.—Nada más. Los fascistas están terriblemente furiosos. Esta noche alguien ha estropeado un monumento…

MARTIN.—Sí, fue el idiota de Stiegler…

ANNA.—¡Martin!

MARTIN *(sorprendido)*.—¿Eh?

Anna.—¡¿Martin, porque uno de nosotros ha manchado el monumento, ahora querrán zurrarnos a todos?! ¡Me parece una cobardía! ¡No es digno de nosotros! Está mal. *(Se detiene porque de repente Martin mira fascinado su cuello.)*

*Silencio.*

MARTIN *(en voz baja)*.—¿Qué mancha es esa?

ANNA.—¿Dónde?

MARTIN.—Ahí.

ANNA.—¿Ahí? Es una mancha… *(Silencio.)* Mañana estará azul.

MARTÍN.—Ajá.

ANNA.—Fue un bruto.

MARTIN *(un poco inseguro)*.—Así que fue…

ANNA.—Así son todos los hombres.

*Silencio.*

MARTIN.—Mírame. *(Anna no lo mira.)* ¿Por qué no me miras?

ANNA.—Porque no puedo mirarte.

MARTIN.—¿Y por qué ahora no puedes mirarme? ¡No me mires de esa manera tan tonta, santo cielo!

*Silencio.*

ANNA.—De repente me resultó tan extraño…

MARTIN.—¿El qué?

ANNA.—Lo que me pediste, que me acercase a un fascista… Y que precisamente tú lo pidieses…

MARTIN.—¿Qué nuevos sentimientos son esos?

ANNA.—No, son viejos…

MARTIN.—Sabes que no me gustan estas primitivas sentimentalidades. ¿A qué vienen estos viejos problemas? ¡Nada de ilusiones, por favor!

ANNA.—Vuelves a hablar en ese tono.

*Silencio.*

MARTIN.—Anna, entonces fue un bruto contigo, el señor fascista.

ANNA.—Sí.

MARTIN.—¿Muy bruto?

ANNA.—No especialmente.

*Silencio.*

MARTIN.—Pero fue un bruto. Eso está de hecho por debajo de nuestra dignidad.

ANNA.—¿Qué?

MARTIN.—Que por nuestra ensuciada Majestad dejemos que estos señores fascistas den una paliza al comité de dirección.

ANNA.—¡Lo ves!

MARTIN.—¡¿Qué tengo que ver?! ¡No veo nada! ¡Nada! ¡Radicalmente nada! Pero, entiéndeme: ¡no vamos a permitirles a los señores fascistas este triunfo! ¡Ven! *(Sale con Anna.)*

*Karl llega con Leni. Parecen enfadados. Se sientan en un banco al lado el urinario.*

LENI.—¿Por qué estás tan callado?

KARL.—Porque se me parte el corazón.

LENI.—¡Pero no puedes hacer nada para que esta noche italiana no termine con una nota discordante!

KARL.—Gracias. (*Le coge la mano y a continuación hunde la cabeza en sus manos.*)

*Silencio.*

LENI.—Tu camarada Martin me recuerda a un conocido mío. Con él tampoco se podía hablar porque solo le importaba su moto. Había ganado muchas carreras y lo único que yo hacía era molestarlo en sus entrenamientos. No estés tan triste…

KARL.—Ahora me gustaría dejar de vivir.

LENI.—¿Por qué?

KARL.—Tengo buen ojo. Veo hacia dónde va el mundo, y entonces pienso que si solo fuese un par de años más joven aún podría participar activamente para mejorarlo… Pero me he hecho viejo. Y estoy cansado.

LENI.—Eso es lo que tú te dices.

KARL.—¡Un medio hombre! Solo una mitad tiene sentido del bien, la otra mitad es reaccionaria.

LENI.—No te deprimas…

KARL.—Creo que estoy maldito…

LENI.—¡No, no!

KARL (*se pone de pie*).—¡Sí!

*Silencio.*

LENI.—¿Crees en Dios? (*Karl no responde.*) Hay un Dios y también hay una salvación.

KARL.—Si al menos supiese quién me ha maldecido.

Leni.—Deja que yo te salve.

Karl.—¿Tú? ¿A mí?

Leni.—Tengo cuatro mil marcos, montaremos una tienda de ultramarinos.

Karl.—¿Nosotros?

Leni.—En casa de mi tío…

Karl.—¿Nosotros?

Leni.—Yo y tú.

*Silencio.*

Karl.—¿En efectivo?

Leni.—Sí.

*Silencio.*

Karl.—¿En qué estás pensando? ¿Estás pensando en una sociedad conyugal? ¡No, eres demasiado valiosa para mí!

Leni.—¡Pero, hombre, no seas tan duro¡ ¡Ya te conozco perfectamente aunque te conozco solo desde hace poco! *(Se le echa al cuello; gran escena de besos.)*

Karl.—Siempre había soñado en la salvación a través de la mujer, pero no podía creer que… Estoy muy amargado, ¿sabes?

Leni *(le da un beso en la frente).*—Sí, el mundo está lleno de envidia.

## Séptimo cuadro

*En el jardín del establecimiento de Josef Lehninger. La noche italiana republicana ha terminado; solo la directiva se sienta bajo los farolillos: el concejal Ammetsberger con Adele, Betz, Engelbert y Kranz. Este último ronca echado sobre una mesa. Es ya medianoche y Adele se hiela porque sopla un vientecillo frío.*

Betz.—Qué hacer, dice Zeus.

Engelbert.—¿A casa?

Concejal *(furioso)*.—¡Ni aunque el mundo estuviese lleno de demonios! ¡No vamos a dejar que nos echen a perder nuestra noche italiana! Camaradas, nos quedamos y no nos movemos de aquí… ¡hasta la hora de cierre! *(Vuelve a sentarse.)*

Engelbert.—¡Escuchad! ¡Escuchad!

*El concejal enciende, nervioso, un puro.*

Kranz *(despierta y bosteza; a Betz)*.—Acabo de tener un sueño fetén.

Betz.—¿Agradable?

Kranz.—Mucho. Soñé con una República y era una auténtica República, incluso los monárquicos eran republicanos disfrazados…

Betz.—Entonces tuvo que ser eso que llaman un sueño de cumplimiento de deseo.

Franz.—¿Eh?

Engelbert.—¿Y si jugamos una partidita de tarot?

Conejal.—¿Tarot?

59

ENGELBERT.—Tarot bávaro…

KRANZ.—¡Tarot bávaro!

CONCEJAL.—Eso sería lo más razonable…

ENGELBERT.—Yo tengo las cartas. *(Se sienta con el concejal y con Kranz debajo del farolillo que más ilumina, baraja y reparte.)* ¡Una idea!

*Betz mira.*

CONCEJAL.—¡Primero!

ENGELBERT.—¡Segundo!

KRANZ.—¡Último!

CONCEJAL.—¡Solo!

KRANZ.—Y la luz brilla en la oscuridad… *(Echa una carta.)* *Ahora el viento sopla con más fuerza.*

ADELE *(se levanta, muerta de frío)*.—¡Alfons!

CONCEJAL *(sin deja de jugar)*.—Dime.

ADELE.—¿Cuándo nos vamos?

CONCEJAL.—¡No lo diré dos veces! ¡Bastos!

ADELE.—Me estoy constipando…

CONCEJAL.—¡Ya lo siento, tesoro!

KRANZ.—¡Y oros!

ENGELBERT.—¡Y oros!

BETZ *(se acerca a Adele)*.—Nos quedamos hasta la hora de cierre, señora concejala.

ADELE.—¿Y cuándo es eso?

BETZ.—A las dos.

ADELE.—¿Y ahora?

BETZ.—Casi las doce.

ADELE.—¡Ay, Dios!

CONCEJAL *(a Betz)*.—¡Déjala, por favor!

*Silencio.*

ADELE.—Yo aquí cojo la muerte.

BETZ.—O una neumonía. *(Pausa.)* Sin duda, la muerte más hermosa es la muerte por un ideal.

ADELE.—No conozco ningún ideal por el que quisiera morir.

BETZ *(sonríe ligeramente).*—¿Tampoco por los ideales por los que su señor marido se sacrifica?

ADELE.—Ah, ¿pero se está sacrificando?

BETZ.—Día y noche.

ADELE.—Usted sabrá.

BETZ.—Naturalmente, todo es relativo.

*Pausa.*

ADELE.—Créame que un hombre que no tiene ideales sociales es mucho más amable con su familia. Hablo en un sentido puramente humano. Usted es un hombre inteligente, señor Betz, ya lo había observado.

CONCEJAL.—¿De qué estáis hablando con tanto empeño?

BETZ.—De ti.

CONCEJAL.—¿De verdad? ¿No tenéis ningún tema más agradecido?

ADELE *(sarcástica).*—¡Alfons!

CONCEJAL.—Bueno, ¿qué pasa ahora?

ADELE.—Me gustaría tomar un bocadillo de jamón.

CONCEJAL.—¡Pero si ya te has tomado dos! ¡Creo que ya tienes bastante! *(Enciende un puro.)*

ADELE.—Si tus puros…

CONCEJAL *(la interrumpe).*—¡Eres una persona imposible! ¡Puaj! ¡Y tampoco se va, no, porque no me permites nada! *(Furioso, tira el puro.)* ¡Un puro imposible!

ADELE *(se pone de pie).*—Quiero irme a casa.

CONCEJAL.—¡Pórtate bien, por favor!

ADELE.—Me marcho…

CONCEJAL.—Me quedo.

ADELE.—¡Que vengas!

CONCEJAL.—¡No! ¡Quédate tú!

ADELE.—No, a las seis ya tengo que estar en pie, lavar tus camisas y…

CONCEJAL.—¡Te digo que te quedes!

ADELE.—Aquí me voy a morir…

CONCEJAL.—¡Te quedas y basta! ¡¡Entendido!? *(Adele vuelve a sentarse y sonríe dolorosamente.)* ¡Juego!

ENGELBERT.—¡Más!

KRANZ.—¡También juego!

ENGELBERT.—¿Qué?

KRANZ.—¡Tréboles!

CONCEJAL.—¡Rosco! ¡Triunfos! ¡Ajá, triunfos! Vía libre… *(Gana rápidamente y se ríe a carcajadas. Silencio.)*

BETZ.—¿Por qué no se va usted sola a casa?

ADELE.—Porque no me deja sola.

BETZ.—¿No la deja? ¿Tampoco sola? Pero él no tiene ningún derecho sobre su persona. Cielos, ahora lo veo bajo una luz muy diferente, aunque podría haberlo supuesto. Alfons Ammetsberger, mi viejo camarada de fatigas… treinta y cinco años. Sí, sí, habrá pasado tanto. ¿Y también yo habré cambiado tanto?

CONCEJAL *(a Betz)*.—¡Te lo pido por favor, Betz, déjala en paz!

TABERNERO *(aparece; está muy borracho y saluda tambaleándose, pero nadie le presta atención; sonríe maliciosamente)*.—¡Boicoteadme, boicoteadme! ¡Todo me da igual, no derramaré ni una lágrima! Además, los reaccionarios son clientes mucho más complacientes. ¡Vuestros jóvenes solo beben limonada! ¡Buenos republicanos! ¡Limonada, limonada!

Kranz.—¡Cierra el pico!

Tabernero *(súbitamente soñador)*.—Ahora pienso en mi retrete. Antes había frases eróticas en las paredes; después, durante la guerra, patrióticas, y ahora, políticas… Creedme: mientras no vuelvan a ser eróticas, el pueblo alemán no se recuperará…

Kranz.—¡Que te calles, tonto cochino!

Tabernero.—¿Cómo has dicho? Heinrich, tú eres aquí el único razonable, ¿qué ha dicho ese señor?

Betz.—Ha dicho que deberías callarte.

Tabernero.—¿Ah, sí? Esta mala persona. Por cierto: ¡tengo unas noticias fantásticas para vosotros, queridos amigos!

Kranz.—¡No somos tus queridos amigos!

Tabernero.—¿Qué ha dicho?

Betz.—Ha dicho que no somos tus queridos amigos.

Tabernero.—¿Ha dicho eso? Entonces, ¡señores! Tengo el honor de darles una estupenda noticia: ¡están rodeados, señores míos, radicalmente rodeados!

*El concejal presta atención.*

Concejal.—¿Quién está rodeado?

Tabernero.—¡Vosotros, señores míos!

Engelbert.—¿Pero qué dice?

Tabernero.—¡Señores! Acabo de saber que los señores fascistas quieren darles una paliza… *(El concejal se pone de pie.)* Los señores fascistas aseguran que han sido ustedes quienes han estropeado el monumento…

Concejal.—¿Qué monumento?

Tabernero.—El monumento a Su Majestad.

Engelbert.—No entiendo nada.

TABERNERO.—¡Los señores fascistas tiene un cabreo del quince y quieren restaurar el honor de Su Majestad! ¡Con sangre! ¡Hurra!

KRANZ.—¡Por los clavos de Cristo!

TABERNERO.—¡Es inútil que lo neguéis! ¡Estáis condenados! ¡Todos los indicios hablan en vuestra contra! ¡Interrogatorio cruzado y todo eso!

CONCEJAL.—¡Mentira! ¡Una mentira infame! ¡Aquí nadie ha ensuciado a una Majestad!

TABERNERO *(levanta su vaso)*.—¡A su salud! *(Lo vacía.)* *Silencio.*

BETZ.—Josef, ¿quién te ha dicho que nos van a zurrar?

TABERNERO.—Anna se lo dijo a Martin.

CONCEJAL *(cortante)*.—¿Martin? ¡Interesante!

TABERNERO.—¡La discreción es una cuestión de honor!

KRANZ.—¡Ahora sí que no entiendo nada!

ENGELBERT.—Eso solo puede ser un error, a partir de las leyes de la lógica…

CONCEJAL *(cortante)*.—¡O traición! Nuestra reputación es intachable.

TABERNERO.—Intachable o no… ¡aquí va a haber bofetadas, señores!

KRANZ.—¡Judas!

TABERNERO *(lloroso)*.—¡Pero yo no soy un Judas, señores! ¡En el fondo siempre me he mantenido leal a vosotros, incluso después de la revolución! ¡Pero este mundo está patas arriba! Antes, un domingo como este era un puro placer, y si había una pelea, era por un pedazo hembra, ¡pero nunca por esta asquerosa política! ¡Estos son muy malos síntomas, señores!

KRANZ.—¡Quiero tomar la palabra! ¡Me gustaría proponer algo! ¡Quiero abogar por que esperemos aquí serenamente el curso de los acontecimientos ya que nos justificaremos brillantemente porque somos radicalmente inocentes!

ENGELBERT.—¡Escuchad, escuchad!

CONCEJAL.—¡Ridículo!

BETZ *(a Kranz)*.—Vuelves a olvidar nuestros instintos agresivos…

KRANZ.—¿Eh?

TABERNERO.—Va a haber bofetadas…

BETZ.—Estoy hablando desde un punto de vista más elevado. El hombre tiene por naturaleza una naturaleza cruel… ¡Hay que poder soportar la verdad, queridos señores!

TABERNERO.—¡Muy cierto!

CONCEJAL.—¡Camaradas! El hombre es una frágil caña en el viento respecto del destino, sea monárquico o republicano. A veces, hay momentos en la vida en los que también los más audaces han de plegarse a la voz de la razón, ¡y también contra sus sentimientos! ¡Camaradas! ¡Sería un pésimo general el que guiase a sus brigadas a una derrota inevitable! ¡En este sentido pongo fin ahora mismo a nuestra noche italiana! ¡Por fuerza mayor! ¿Dónde está mi sombrero?

BETZ.—Yo me quedo.

CONCEJAL.—¿Y eso?

BETZ.—En realidad, tengo una opinión un poco diferente…

Concejal.—¡No tendría que haber ninguna otra opinión!

BETZ.—¿Eso crees? Pero tenemos la conciencia completamente tranquila en lo que respecta al monumento ultrajado.

ENGELBERT.—¡Muy cierto!

Betz.—Y a partir de ahí no me parece correcto huir de esta manera.

Concejal.—¡No es correcto, es inteligente! Sabemos que estos fascistas están en mayoría y por eso ya se sabe que están siempre preparados para cualquier infamia! ¿Dónde está mi sombrero?

Betz.—Me quedo. ¡Aunque me den una paliza!

*Silencio.*

Concejal *(lo mira burlonamente)*.—Ah, ¿el señor es un político de la catástrofe? ¡Bueno, pues que lo disfrute!

Betz.—¡Gracias!

Concejal *(sonríe maliciosamente)*.—¡Dios mío, qué heroico!

Betz.—Mejor zurrado que cobarde.

*Silencio.*

Concejal.—¿Te lo parece?

Adele.—A mí también me lo parece.

Concejal.—¡Aquí no se te ha perdido nada!

Adele.—Pero también me lo parece.

Concejal *(se acerca lentamente a ella; conteniéndose)*.—Aquí no se te ha perdido nada, ¡¿entendido?!

Adele.—Solo digo lo que pienso.

Concejal.—Aquí no tienes nada que pensar.

Adele *(con sorna)*.—¿Te lo parece?

Concejal.—¡No me avergüences!

Adele.—No. *(El concejal la pellizca.)* ¡Ay, ay!

Concejal.—¡¿Te vas a controlar?!

Adele.—¡Ay, Alfons! ¡Ay!

Concejal.—¡Que te controles! ¡Que te…!

Adele *(se aparta, gritando)*.—¡Ay! ¡Tú y tu idealismo!

Concejal.—¡Eres una persona imposible!

ADELE.—¡Eres un hombre imposible! ¡Proletario por fuera, capitalista por dentro! ¡Ojalá estos señores te conociesen de verdad! ¡Me explota, a mí! ¡Durante treinta años, treinta años! (*Llora.*)

CONCEJAL (*con la mano delante de los ojos*).—¡Adele! Adele… (*Silencio. Se quita lentamente la mano de los ojos.*) ¿Dónde está mi sombrero?

TABERNERO (*se pone de pie a duras penas*).—Con o sin sombrero… Estás rodeado… (*Eructa y sale tambaleándose.*)

*De repente, Adele sonríe maliciosamente.*

CONCEJAL.—¡No te rías!

ADELE.—Cuando te veo así, me parece simplemente cómico cómo te interpones en el camino de los jóvenes… (*Vuelve a sollozar.*)

CONCEJAL.—¡No gimotees!

ADELE.—Son los nervios…

KRANZ.—La típica lógica femenina.

ADELE (*llorando*).—Ni no hubieses echado a los jóvenes, ahora nadie se atrevería a venir… Ahora solo somos un puñado de viejos tullidos…

ENGELBERT.—¡Eh!

CONCEJAL.—¡Santo Dios!

ADELE.—¡No metas en esto a nuestro Señor!

KRANZ.—Dios no existe. (*Silencio.*) ¡Quiero tomar la palabra! ¡Me gustaría proponer algo! Quiero argumentar que fue por así decirlo un poco precipitado expulsar a Martin y a sus seguidores… Tiene muchos seguidores, seguidores fuertes, y no los peores seguidores… Y por así decirlo tampoco hizo nada tan malo…

CONCEJAL.—¿Te parece?

Kranz.—Si nosotros también tuviésemos, como los fascistas, esas armas de pequeño calibre, ahora no tendríamos que soportar una paliza siendo inocentes, sino que podríamos defendernos… *Defendernos…* ¿Es lógico, no?

Engelbert.—¡Lógico o no! ¡Según los estatutos, teníamos que expulsar a Martin!

Kranz.—¡Lógico o no! ¡Me importan un bledo estatutos como esos!

Engelbert.—¡Escuchad, escuchad!

Kranz.—Están completamente anticuados.

Concejal.—¿De repente?

Kranz.—¡Quiero abogar en este momento a favor de que Martin, nuestro camarada expulsado precipitadamente, sea readmitido!

Concejal.—¿Readmitido?

Kranz.—¡Eso es!

Concejal *(mira inquisitivo a su alrededor)*.—¿Qué es esto?

Betz.—¡Sí!

Engelbert.—Hum.

Concejal *(a Engelbert; en voz baja)*.—¿Sí o no?

*Silencio.*

Engelbert.—Sí.

*Silencio.*

Concejal.—¿Dónde está mi sombrero?

Adele *(le da su sombrero)*.—Aquí.

Concejal *(se hunde el sombrero hasta los ojos; con voz apagada)*.—Me retiro de la vida política… Ya no me voy a ninguna parte… Excepto a jugar a los bolos o a cantar…

Adele.—¡Alfons, por fin!

*Toque de trompeta.*

*El comandante, con su uniforme colonial, entra rápidamente en el jardín con dos fascistas. Se detiene brevemente delante del concejal y lo mira con rabia.*

*Silencio.*

EL COMANDANTE.—Ya tengo el dudoso honor de conocerle. *(El concejal asiente con apatía.)* Por su mirada inquieta y las expresiones culpables de sus pulcros camaradas veo que ya han adivinado el motivo de mi venida.

ENGELBERT.—¡Somos radicalmente inocentes!

EL COMANDANTE.—¡Silencio! ¡Ahora os habéis delatado vosotros mismos! *(Silencio sepulcral. Ruge).* ¡¡Silencio!! ¡Juicio rápido! ¡Chusma roja!

BETZ.—Todo es relativo…

EL COMANDANTE.—¡Cierre el pico! ¡Por Dios que vamos a acabar con vosotros! ¡Venganza por Estrasburgo! Os enseñaremos a profanar monumentos… ¡Habéis violado nuestro honor, nuestro honor está manchado de sangre!

BETZ.—¡Vaya tontería!

EL COMANDANTE.—¡¿Qué?! *(Betz enciende un puro.)* ¡No fume!

BETZ.—Perdón… *(Tira el puro.)*

*Silencio.*

EL COMANDANTE.—¡Czernowitz!

CZERNOWITZ.—¡A sus órdenes, mi comandante!

EL COMANDANTE.—Díganos ¿cómo trataba su señor padre durante la guerra a los prisioneros que ofrecían una resistencia pasiva?

CZERNOWITZ.—¡Hacía que les pegasen en la popa como un clavo en la pared, mi comandante!

EL COMANDANTE *(a Betz).*—¿Entendido?

Betz.—Yo no tengo popa…

El comandante (da la vuelta alrededor del concejal; de repente se dirige a él).—¡Manos en la costura del pantalón! ¡Siéntese! (El concejal se sienta como ausente. El comandante le hace una seña a un fascista. El fascista le lleva al concejal un papel, pluma y tinta.) ¡Escriba lo que voy a dictarle! (El concejal obedece apáticamente.) Yo, el conejal rojo Alfons Ammetsberger, doy mi palabra de honor… ¿La tiene?… Palabra de honor… que soy un vil… (El concejal se detiene.) ¡Escriba! (El concejal sigue escribiendo.) ¡Que soy un vil hijo de perra! (El concejal vuelve a detenerse.) Bueno, ¿es para hoy? (El concejal no se mueve.) ¡Si no obedece, se lo vas a hacer en los pantalones! ¡Escriba! ¡Vamos!

Concejal (se inclina lentamente sobre el papel; de repente, empieza a gemir y a lloriquear).—No, no soy un…

El comandante (lo interrumpe, rugiendo).—¡¡Usted es un hijo de perra, un vil hijo de perra!!

Adele.—¡Eh, usted! ¡No es un hijo de perra! ¡Es mi marido! ¡Cómo se atreve, señor emperifollado! ¡Deje en paz a mi marido!

Betz.—Con qué derecho…

El comandante (lo interrumpe).—¡A callar!

Adele.—¡Cállese usted! ¡Y quítese eso, la guerra ha terminado, payaso! ¡Renuncie a su pensión en favor de los lisiados de guerra y trabaje en algo decente en lugar de molestar a la pobre gente mientras se divierte en una terraza, vil hijo de perra!

El comandante.—¡Ordinaria! ¡Espere, espere! ¡Ahí fuera hay cuarenta hombres alemanes! (Sale rápidamente con sus fascistas.)

Adele (gritando).—Este es mi hombre, ¡¿entendido?! (Gran tumulto delante del jardín del establecimiento. Martin y Anna,

*seguidos por sus camaradas, entran rápidamente en el jardín.)*
¡Martin!

Martin.—¡A sus órdenes, señora! ¡El aire, por así decirlo, se ha aclarado, señores! Deben saber que la visita de los señores fascistas era para *nosotros*, para mí y mis camaradas, y no para el comité de dirección. Y siendo como somos, damos la cara por nuestros actos. Pero me permito informar que aquí nadie tiene nada que temer, porque cuando los señores fascistas nos han visto ahí fuera, se reagruparon... ¡Radicalmente! ¡Lo hemos vuelto a hacer!

Concejal.—¡Pues bien! Por supuesto, no se puede hablar de una grave amenaza para la República democrática. ¡Camaradas! Mientras exista una Liga de Defensa Republicana y mientras yo tenga el honor de ser el presidente del grupo local, ¡mientras eso suceda, la República puede dormir tranquila!

Martin.—¡Buenas noches!

## Nota del traductor

Los personajes juegan al tarot de Baviera (*Haferltarock*). En la traducción se han empleado términos de juego de cartas con baraja española con el fin de que el lector en español conserve la impresión de estar ante un juego extraño al mismo tiempo que la lectura no se haga ininteligible (es más, para que hasta cierto punto puedan conservarse juegos de palabras que, por lo demás, se pierden irremediablemente en otros momentos de la obra). El lector atento o curioso sabrá descubrir citas encubiertas (p. ej., de Schiller). No se ha intentado reproducir de ninguna manera el dialecto empleado por los personajes. En la obra, Anna le dice a Martin en dos ocasiones que no le hable en *Hochdeutsch* (alemán estándar); en la traducción, esos dos avisos se convierten en la amonestación por parte de Anna para que Martin no se dirija a ella con tono de superioridad. Quizá sea importante recordar lo que el propio Ödön von Horváth dice al comienzo de otra pieza de teatro popular: *Revolte auf Côte 3018*: «El dialecto es más un problema psicológico que filológico. En esta obra, el autor ni ha seguido reglas filológicas ni ha estilizado esquemáticamente un dialecto (en este caso, dialectos del proletariado alpino oriental), sino que ha intentado configurar el dialecto como rasgo característico del entorno, del individuo o también únicamente de una situación».

Este libro se publicó
en el mes de julio
del año 2025